प्रस्तावना

नेताजी सुभाष चन्द्र बोस के जीवन के विषय में हम बहुत-सी बातें जानते हैं। उनके विषय में अनेक ऐसे रहस्य भी हैं जिन्हें हम नहीं जानते हैं। इस पुस्तक में उनके जीवन के सभी पहलुओं जैसे कि जन्म, परिवार, शिक्षा, स्वतंत्रता संग्राम में उनका योगदान, उनका दर्शन तथा उनके रहस्यमय तरीके से गायब होने एवं उनकी मृत्यु से संबंधित रहस्य को भी शामिल किया गया है।

बोस कांग्रेस के निर्वाचित अध्यक्ष थे तथा भारत की पूर्ण स्वतंत्रता की माँग करने वाले प्रथम व्यक्ति थे। कांग्रेस में उनका प्रवेश, कांग्रेस में उनका कद बढ़ना तथा कांग्रेस से उनके संबंध-विच्छेद के विषय में एवं महात्मा गाँधी एवं भारतीय राष्ट्रीय कांग्रेस के अन्य नेताओं से उनके अच्छे एवं बुरे संबंधों के विषय में भी इस पुस्तक में उचित विस्तार से लिखा गया है।

ब्रिटिश सरकार के विरुद्ध संघर्ष के लिए भारत के अन्दर एवं बाहर सेना संगठित करने वाले वे पहले भारतीय थे। जापान एवं जर्मनी के साथ उनके संबंधों के विषय में भी इस पुस्तक में वर्णन किया गया है।

पुस्तक में उनके पत्रों एवं भाषणों के कुछ अंशों को भी शामिल किया गया है। इसमें यह भी वर्णन किया गया है कि कैसे स्वतंत्रतापूर्व भारत में एक अन्तर्मुखी बालक अंततः सर्वाधिक ऊर्जावान एवं क्रांतिकारी नेता बनकर उभरा था।

—प्रकाशक

अनुक्रमणिका

READER'S DELIGHT

सुभाष चन्द्र बोस
की जीवनी

READER'S DELIGHT
An Imprint of Ramesh Publishing House
NEW DELHI

Published by: Alok Kumar Gupta for Reader's Delight
(An Imprint of Ramesh Publishing House)

प्रशासनिक कार्यालय:
12-H, न्यू दरियागंज रोड, ऑफिसर्स मेस के सामने,
नई दिल्ली-110002 ✆ 23275224, 23245124
ई-मेल : info@rameshpublishinghouse.com
वेबसाइट : www.rameshpublishinghouse.com

विक्रय केन्द्र:
- बालाजी मार्किट, नई दिल्ली-6 ✆ 23253720, 23282525
- 4457, नई सड़क, दिल्ली-6, ✆ 23918938

Book Code: A-83

ISBN: 978-93-5012-264-8

मूल्य : ₹ 35/-

मुद्रक : दीपक ऑफसेट, दिल्ली

परिचय

"तुम मुझे खून दो मैं तुम्हें आजादी दूँगा।"

–सुभाष चन्द्र बोस

सुभाष चन्द्र बोस स्वतंत्रता-पूर्व भारत के सर्वाधिक दूरदर्शी एवं पराक्रमी नेता थे। वे जिस पथ पर चले उस पर चलने के विषय में कोई अन्य व्यक्ति सोच भी नहीं सकता था।

सुभाष चन्द्र बोस के नेतृत्व में स्वतंत्र भारत की सरकार की घोषणा का अनुपम उदाहरण प्रस्तुत किया गया, जिसकी अपनी कैबिनेट तथा सेना थी। उन्होंने ब्रिटिश भारत पर सैन्य आक्रमण किया तथा इम्फाल तक उनसे मुकाबला किया था। जर्मनी तथा जापान की सक्रिय सहायता से उन्होंने ब्रिटिश साम्राज्य की जड़ें हिला दीं। सभी भारतीय उन्हें एक राष्ट्रीय नायक तथा महान व्यक्तित्व मानते हैं।

सुभाष चन्द्र बोस का जन्म 23 जनवरी 1897 को कटक में हुआ था जो कि वर्तमान में ओडिसा में स्थित है। उनके पिता का नाम जानकीनाथ बोस था जो कि एक अधिवक्ता थे तथा उनकी माता का नाम प्रभावती

देवी था जो कि एक धार्मिक महिला थीं। वे अपने माता-पिता की नवीं संतान थे तथा उनके तेरह भाई-बहन थे। वे एक मेधावी छात्र थे तथा उन्होंने कलकत्ता प्रोविन्स में मैट्रिक की परीक्षा में प्रथम स्थान प्राप्त किया था। उन्होंने कलकत्ता के प्रेसीडेन्सी कॉलेज से दर्शनशास्त्र विषय के साथ बी.ए. किया। वे स्वामी विवेकानन्द की शिक्षाओं से काफी प्रभावित थे तथा विद्यार्थी जीवन में भी उनमें देशभक्ति का अदम्य उत्साह था। अपने माता-पिता की इच्छा के अनुसार वे इंग्लैंड में भारतीय सिविल सेवा में शामिल हुए। इसके कारण तब तक वे भारत के स्वतंत्रता संग्राम से थोड़ा दूर रहे थे। उन्होंने उस परीक्षा में चौथा स्थान प्राप्त किया था परन्तु अपना प्रशिक्षण पूरा नहीं किया एवं जालियाँवाला बाग के जनसंहार के कारण विचलित होकर भारत लौट आए। अब वे महात्मा गाँधी के प्रभाव में आए तथा भारतीय राष्ट्रीय कांग्रेस के सदस्य बने। गाँधीजी ने उन्हें देशबन्धु चित्तरंजन दास के साथ काम करने का निर्देश दिया। बोस देशबन्धु को अपना राजनैतिक गुरु मानते थे।

ब्रिटिश सरकार का खुलेआम विरोध करने के कारण उनको 1921 से 1941 के बीच छह माह से लेकर तीन वर्ष तक के लिए प्रायः 11 बार जेल जाना पड़ा था। वे कांग्रेस के युवा मोर्चे के नेता, तथा भारत में ट्रेड यूनियन आन्दोलन के अगुवा थे। उन्होंने सर्विस लीग की स्थापना की जो कि कांग्रेस का ही एक मोर्चा था। उनकी संगठन क्षमता का सभी लोहा मानते थे।

सुभाष भारत की पूर्ण स्वतंत्रता की जल्द-से-जल्द प्राप्ति की वकालत करते थे जबकि कांग्रेस कमेटी इसे अनेक चरणों में डोमिनियन स्टेटस के द्वारा चाहती थी। जवाहर लाल नेहरू समेत दूसरे युवा नेतागण बोस का समर्थन करते थे अतः कांग्रेस को पूर्ण स्वराज को अपना नारा बनाना

पड़ा था। भगत सिंह की शहादत तथा कांग्रेसी नेताओं द्वारा उनकी जान न बचा पा सकने के कारण वे काफी नाराज़ हुए। उन्होंने गाँधी-इरविन शान्ति समझौते का विरोध करने के लिए एक आन्दोलन की शुरुआत की। उनको जेल में रखा गया तथा भारत से निष्कासित कर दिया गया। परन्तु पाबन्दी को तोड़कर जब वे भारत वापिस लौटे तो उन्हें पुनः जेल भेज दिया गया।

1938 तथा 1939 में वे दो बार भारतीय राष्ट्रीय कांग्रेस के अध्यक्ष निर्वाचित हुए। दूसरी बार उन्होंने गाँधीजी द्वारा समर्थित व्यक्ति को हराया था। उन्होंने एक प्रस्ताव रखा जिसमें यह माँग की गई थी कि ब्रिटिशों को भारत छह महीने के भीतर छोड़ देना चाहिए, माँग न माने जाने की स्थिति में विद्रोह किए जाने की बात भी प्रस्ताव में थी। उनके इस कड़े रुख का व्यापक विरोध हुआ तथा उन्होंने अध्यक्ष के पद से त्यागपत्र देकर 1939 में फॉरवर्ड ब्लॉक की स्थापना की।

द्वितीय विश्व युद्ध के दौरान उन्होंने ब्रिटिशों को कोई भी सहायता न देने की नीति का समर्थन किया। उन्होंने उनको इसकी चेतावनी भी दी। सितम्बर 1939 में जब द्वितीय विश्व युद्ध शुरू हुआ तो भारत को ब्रिटिशों द्वारा युद्धरत राष्ट्र घोषित कर दिया गया। गवर्नर जनरल ने भारतीय नेताओं से सलाह लिए बिना ऐसा किया था। कांग्रेस पार्टी तब सात राज्यों में सत्ता में थी तथा विरोध स्वरूप सभी सातों राज्य-सरकारों ने त्यागपत्र दे दिया था।

सुभाष ने विश्व युद्ध के लिए भारतीय संसाधनों तथा लोगों को लगाए जाने के विरोध में एक जन आन्दोलन शुरू किया। वे मानते थे कि गरीब भारतीयों को साम्राज्यवादी देशों के लिए अपना खून नहीं बहाना चाहिए। उनके आन्दोलन को बड़ा समर्थन प्राप्त हुआ तथा ब्रिटिशों ने उनको

तत्काल जेल में बंद कर दिया। वहाँ उन्होंने अनशन प्रारम्भ कर दिया। अनशन के ग्यारहवें दिन उनका स्वास्थ्य काफी खराब हो गया। तब उनको जेल से छोड़कर घर में नजरबन्द कर दिया गया।

1941 में बोस अचानक गायब हो गए। अनेक दिनों तक अधिकारियों को इसका पता नहीं चल सका कि वे फरार हो चुके हैं। वे पैदल, कार द्वारा एवं ट्रेन की यात्रा करके काबुल (अब अफगानिस्तान में) पहुँचे परन्तु शीघ्र ही पुनः गायब हो गए। नवम्बर 1941 में, जर्मन रेडियो से उनका भाषण प्रसारित हुआ जिसने ब्रिटिशों को परेशानी में डाल दिया एवं भारत की जनता को रोमांचित कर डाला। भारत की जनता को ऐसा लगा कि उनका नेता उनकी मातृभूमि को आजाद करवाने के लिए एक बड़ी योजना के अनुसार काम करने में लगा हुआ है। इसके कारण भारत के क्रांतिकारियों का साहस भी बढ़ा जो कि ब्रिटिशों के लिए अनेक प्रकार की समस्याएँ उत्पन्न कर रहे थे।

जर्मनी ने ब्रिटिशों के विरुद्ध लड़ने के लिए बोस को सैन्य तथा अन्य सहायता प्रदान करने के बारे में आश्वस्त किया। इस समय तक जापान एक मजबूत वैश्विक शक्ति बन चुका था तथा एशिया में डचों, फ्रांसीसियों तथा ब्रिटिशों के प्रमुख उपनिवेशों पर कब्जा करने में सफल रहा था। वे ठीक ही ऐसा समझते थे कि पूर्व में उनकी उपस्थिति के कारण देशवासियों को स्वतंत्रता संग्राम में मदद मिलेगी तथा अब उनकी कहानी का दूसरा अध्याय प्रारम्भ हो गया था।

ऐसा कहा जाता है कि जर्मनी में अंतिम बार उनको 1943 के शुरू में कील नहर के निकट स्थान पर देखा गया था। उन्होंने पनडुब्बी के द्वारा एक खतरनाक यात्रा की जिसमें हजारों मील की दूरी विदेशी क्षेत्रों

को पार करके तय की गई। उन्होंने अटलान्टिक, मध्य-पूर्व मैडागास्कर तथा हिन्द महासागर में यह यात्रा की। उस समय भूतल पर तथा आकाश में लड़ाइयाँ लड़ी जा रहीं थीं तथा समुद्रों में बारूद बिछाए गए थे। यात्रा के एक चरण में वे 400 मील की दूरी एक रबड़ की डिंगी में तय करके एक जापानी पनडुब्बी तक पहुँचे जो उन्हें टोकियो ले गई थी।

जापान में उनका भव्य स्वागत किया गया तथा उन्हें भारतीय सेना का सेनापति घोषित किया गया जिसमें सिंगापुर तथा दूसरे पूर्वी देशों के 40,000 से अधिक सैनिक थे। बोस ने इसे भारतीय राष्ट्रीय सेना (आई. एन.ए.) की संज्ञा दी तथा 21 अक्टूबर 1943 को ''आजाद हिन्द सरकार'' नाम की एक सरकार की घोषणा कर दी। आई.एन.ए. ने अण्डमान और निकोबार द्वीपों को ब्रिटिशों से मुक्त करवाया तथा उन्हें 'स्वराज' तथा 'शहीद' द्वीपों की संज्ञा दी। उनकी सरकार ने वहाँ काम करना आरंभ कर दिया।

बोस भारत को पूर्वी मोर्चे से आजाद करवाना चाहते थे। उन्होंने इस बात का ध्यान रखा कि इसमें किसी भी दृष्टि से जापान की दखलन्दाजी न हो। सैन्य नेतृत्व, प्रशासन तथा संचार का प्रबंधन भारतीयों द्वारा ही किया जा रहा था। सुभाष ब्रिगेड, आजाद ब्रिगेड तथा गाँधी ब्रिगेड का गठन किया गया था। आई.एन.ए. ने बर्मा (अब म्यांमार) होकर मार्च किया तथा भारत की सीमा पर कॉक्सटाउन पर कब्जा कर लिया। जब सैनिक अपनी स्वतंत्र मातृभूमि में पहुँचे तो उनमें अभूतपूर्व खुशी का संचार हुआ। कुछ सैनिक जमीन पर लेटकर मातृभूमि को चूमने लगे तो कुछ न अपने माथे पर मिट्टी को लगाया, अनेक रोए भी। वे अब भारत-भूमि में थे तथा ब्रिटिशों को भारत से बाहर खदेड़ने के लिए कृतसंकल्प थे। ''दिल्ली चलो'' उनका नारा था।

किंतु हिरोशिमा और नागासाकी की बमबारी ने मानव इतिहास को बदल दिया। जापान को आत्मसमर्पण करना पड़ा। बोस उस समय सिंगापुर में थे तथा उन्होंने अगले कदम के रूप में टोकियो जाने का निर्णय लिया। दुर्भाग्यवश, ऐसा कहा जाता है कि जिस विमान में वे यात्रा कर रहे थे वह ताइवान में दुर्घटनाग्रस्त हो गया तथा अधिक जल जाने के कारण उनकी मृत्यु हो गई। तब वे केवल अड़तालीस वर्ष के थे।

वे एक ऐसे व्यक्ति थे जिन्हें भारतीय अपने भावी नेता के रूप में देखते थे। लोग यह कतई मानने के लिए तैयार नहीं थे कि हवाई दुर्घटना में उनकी मृत्यु हुई थी। उन्हें विश्वास था कि वे अभी भी जिंदा हैं। उस दिन उनकी मृत्यु होने के किसी वास्तविक प्रमाण का सत्यापन अभी तक उन अनेक समितियों द्वारा नहीं हो पाया है जिनका गठन भारत सरकार द्वारा इस रहस्य का पता करने के लिए किया गया था कि तब वे जीवित बचे थे या नहीं। वे तब जीवित बचे थे या नहीं यह एक विवाद एवं जाँच का विषय है किंतु भारत के स्वतंत्रता संग्राम में उनके योगदान को कभी भी भुलाया नहीं जा सकता।

❑❑❑

परिवार का इतिहास

सुभाष एवं उनका परिवार

सुभाष चन्द्र की माता प्रभावती हथकोला के दत्त परिवार की थीं। हथकोला कलकत्ता के उत्तर में स्थित एक आवासीय क्षेत्र था। दत्त परिवार ब्रिटिशों के शासन में नई राजनैतिक व्यवस्था के अनुरूप स्वयं को ढाल सकने की अपनी योग्यता के कारण चर्चा में था।

उनके पिता, जानकीनाथ 1885 में कटक बार में शामिल हुए तथा शीघ्र ही उनकी वकालत चमक उठी। उन्होंने अपनी ऊर्जा अपने वकालत के पेशे को आगे बढ़ाने में लगाई तथा वे सफलतापूर्वक एक सरकारी वकील तथा लोक-अभियोक्ता बने। वे 1912 में बंगाल विधान परिषद् के सदस्य बने तथा उन्हें राय बहादुर की उपाधि प्राप्त हुई। सभी तत्कालीन मानकों के हिसाब से वे एक सफल व्यक्ति थे।

यद्यपि वे सक्रिय रूप से राजनीति में शामिल नहीं थे, फिर भी जानकीनाथ ने सामाजिक तथा शैक्षिक गतिविधियों में एक सक्रिय भूमिका निभाई। वे एक गहन धार्मिक व्यक्ति थे, उन्हें गरीबों तथा जरूरतमंदों तथा विशेषतौर पर छात्रों के प्रति सहानुभूति थी।

बंगाल के मुख्य धार्मिक पर्व दुर्गापूजा के दौरान वे अपने पैतृक गाँव केदालिया न केवल पूजा समारोह में भाग लेने के लिए बल्कि जरूरतमंदों की मदद करने के लिए भी जाया करते थे।

जानकीनाथ की पत्नी भी उनके समान दानप्रिय थीं। वे एक दृढ़निश्चयी महिला थीं तथा चौदह बच्चों के लालन-पालन का भार मुख्य रूप से उन्हीं के कन्धों पर था। सुभाष का नंबर नौवाँ था। जानकीनाथ अधिकतर व्यस्त रहा करते थे। बच्चों से कम बातें कर पाते थे तथा उनकी परवरिश का भार अपनी पत्नी को देकर संतुष्ट थे।

यह एक ऐसे मध्यम वर्ग के परिवार का नमूना था जो कि धनी लोगों की विलासिता एवं गरीब लोगों की लालसा तथा अभाव से दूर था। सुभाष को सांसारिक उपभोग की पर्याप्त वस्तुएँ प्राप्त होती थीं परन्तु बड़ा परिवार होने के कारण उन्हें माता-पिता का समय कम मिल पाता था। बच्चे माता-पिता से डरते थे एवं उन दिनों माता-पिता भी खुलकर अपने बच्चों से स्नेह नहीं दिखाते थे। यह कोई आश्चर्य की बात नहीं है कि अपनी संवेदनशील प्रकृति के कारण सुभाष ने कभी भी अकेलापन अनुभव नहीं किया।

माता-पिता के सान्निध्य की कमी की भरपाई उनकी आया शारदा के कारण हुई जो कि उन्हें 'राजा' कहकर बुलाती थी।

इस प्रकार सुभाष का एक अंतर्मुखी तथा विनम्र बालक के रूप में विकास हुआ। वे अहंकार एवं दिखावे से बहुत दूर थे।

❑❑❑

बचपन एवं शिक्षा

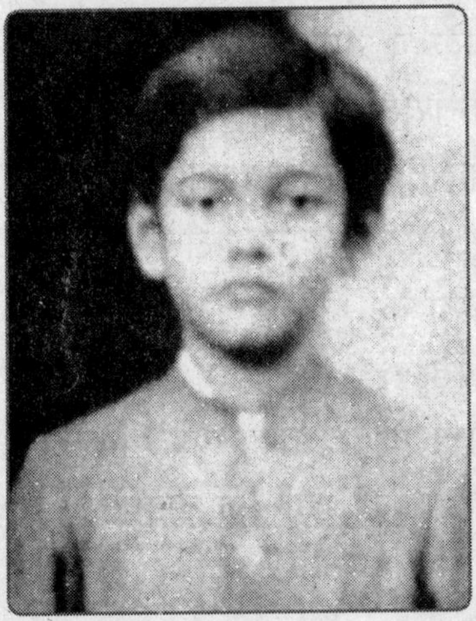

बचपन में सुभाष अपने माता-पिता से अत्यधिक प्रभावित हुए, विशेषकर अपनी माता से जिनसे उन्होंने धार्मिक संस्कार ग्रहण किये।

फिर भी यह कहना गलत नहीं होगा कि अपने माता-पिता से भी अधिक वे बेनी माधव दास से प्रभावित हुए जो कि रावेनशॉ कॉलेजिएट स्कूल, कटक के हेडमास्टर थे। वे जैसे अपने हेडमास्टर की आराधना करते थे तथा उनकी ओर बहुत आकर्षित थे।

सुभाष ने मैट्रिक की परीक्षा रावेनशॉ कॉलेजिएट स्कूल से पास की। उन्होंने कलकत्ता में दूसरा स्थान प्राप्त किया। इसके बाद उन्होंने कलकत्ता के प्रेसीडेन्सी कॉलेज में प्रवेश लिया जहाँ वे "ओटेन प्रकरण" में शामिल हुए थे। प्रोफेसर ओटेन को कॉलेज के कुछ छात्रों द्वारा पीटा गया जो कि प्रोफेसर द्वारा एक लेक्चर के दौरान भारतीयों के विरुद्ध अभद्र भाषा का प्रयोग किए जाने के कारण क्रोधित हो उठे थे। उत्साही सुभाष, जो कि पिछले कुछ समय से प्रिंसिपल की काली सूची में थे, को घटना के लिए मुख्य रूप से उत्तरदायी माना गया तथा 1916 में उन्हें कालेज तथा विश्वविद्यालय से निष्कासित कर दिया गया।

सर आशुतोष मुखर्जी की सहायता से 1917 में उन्होंने स्कॉटिश चर्च कालेज में अपना दाखिला एक अनापत्ति प्रमाण-पत्र के आधार पर करवाया तथा 1919 में दर्शन शास्त्र विषय के साथ प्रथम श्रेणी में उत्तीर्ण हुए। 1917 में वे यूनिवर्सिटी ट्रेनिंग कोर्प्स में भी शामिल हुए।

1919 में, सुभाष के माता-पिता ने उन्हें इंग्लैंड भेजने का निर्णय लिया क्योंकि उनकी हार्दिक इच्छा थी कि वे भारतीय सिविल सेवा में शामिल हों। एक युवा सुभाष जिनकी अन्तर्रात्मा स्वामी विवेकानन्द की शिक्षाओं द्वारा जाग्रत थी तथा जिनका ह्दय आध्यात्मिक आकांक्षाओं से भरा था, अपने माता-पिता द्वारा तय किए गए रास्ते पर चलने को लेकर दुविधा में थे। फिर भी, उन्होंने उनकी इच्छा का पालन करने का निर्णय लिया परन्तु उनके मन में अनेक प्रश्न खड़े रहे। इंग्लैंड में, 1920 में वे भारतीय सिविल सेवा की प्रतियोगिता परीक्षा में बैठे, तथा मेरिट लिस्ट में उनका स्थान चौथा था। उन्होंने नैतिक विज्ञान में ''कैम्ब्रिज ट्राइपोज'' भी प्राप्त किया।

फिर भी सुभाष चन्द्र बोस ने अपना भारतीय सिविल सेवा का प्रशिक्षण पूरा नहीं किया जो कि प्रतियोगिता परीक्षा में सफल प्रत्येक छात्र के लिए जरूरी था। वे देश में हो रही भीषण गतिविधियों को लेकर परेशान रहते थे। 1919 में जलियाँवाला बाग में जनरल डायर द्वारा करवाए गए पाश्विक नरसंहार के कारण वे विचलित हो उठे थे। उन्होंने अप्रैल, 1921 में अपना त्यागपत्र दे दिया और स्वतंत्रता संग्राम में भाग लेने के लिए भारत लौट आए।

❑❑❑

विवाह

एमिलि के साथ सुभाष

जून 1934 के दूसरे सप्ताह में बोस ने विएना में रहना शुरू कर दिया क्योंकि पब्लिशिंग कम्पनी 'विशार्ट' से उन्हें 1920 के बाद के भारतीय स्वतंत्रता संग्राम पर एक किताब लिखने का अनुबंध मिला था। पाण्डुलिपि लेखन हेतु लिपिकीय सहायता प्राप्त करने के लिए सुभाष एक महिला से मिले जिसके कारण उनके निजी जीवन में एक नाटकीय परिवर्तन आया। तब तक वे स्वतंत्रता संग्राम में उलझे हुए थे तथा महिलाओं के साथ संबंधों के विषय में काफी कम रुचि ली थी। बाद में सुभाष ने लिखा, ''अनेक महिलाएँ मुझे पसंद करती थीं, लेकिन मैंने उनकी ओर कभी नहीं देखा।''

24 जून 1934 को, एमिलि स्केन्कल नाम की एक सुन्दर युवती लिपिकीय कार्य करने के लिए इन्टरव्यू देने के लिए आई। 26 दिसम्बर, 1910 को एक आस्ट्रियन कैथोलिक परिवार में जन्मी उस महिला को अंग्रेजी का अच्छा ज्ञान था, शॉर्टहैण्ड जानती थी तथा टाइपिंग भी अच्छी करती थी। कामकाजी संबंधों से शुरू होकर बात शीघ्र ही निजी व्यक्तिगत बन्धन में बदल गई।

26 दिसम्बर 1937 को सुभाष ने गुप्त रूप से एमिलि से विवाह कर लिया। विवादों की संभावना को देखते हुए दोनों ने अपने विवाह और संबंधों को गुप्त रखना ही श्रेयस्कर समझा। एमिलि की व्याख्या सामान्य थी। सुभाष के लिए देश सर्वोपरि था तथा उस समय की गई कोई सार्वजनिक घोषणा विवाद पैदा कर सकती थी।

सुभाष एवं एमिलि की बेटी अनीता का जन्म 29 नवम्बर 1942 को विएना में हुआ था। सुभाष अनीता को दिसम्बर में ही देख सके जब विएना में उन्होंने परिवार के साथ चुपचाप क्रिसमस मनाया।

उनकी एकमात्र बेटी अनीता फाफ जर्मनी के ऑग्सबर्ग विश्वविद्यालय से एक अर्थशास्त्री रही हैं। वह कई बार भारत आ चुकी हैं।

❑❑❑

सुभाष एवं कांग्रेस

नेहरू के साथ सुभाष

अप्रैल 1921 में सुभाष ने आई.सी.एस. से त्यागपत्र दे दिया तथा भारत वापस लौट आए। वे 16 जुलाई, 1921 को बम्बई पहुँचे और सीधे मार्गदर्शन के लिए महात्मा गाँधी के पास पहुँचे जिन्होंने उनको देशबन्धु चित्तरंजन दास के पास भेज दिया। देशबन्धु चित्तरंजन दास का अवतरण तब भारत के राजनैतिक परिदृश्य पर हो चुका था तथा वे बंगाल के सबसे बड़े नेता थे। उस समय के बाद से ही, चार वर्षों की अल्प अवधि के लिए, 1925 में अपनी मृत्यु होने तक, देशबन्धु उनके राजनैतिक गुरु बने रहे।

जहाँ चित्तरंजन दास राष्ट्रीय एकता को बढ़ावा देने में व्यस्त रहे, वहीं सुभाष चन्द्र बोस कलकत्ता के छात्रों, युवाओं तथा श्रमिकों को संगठित करने में लगे रहे। वे भारत को एक स्वतंत्र, संघीय तथा प्रजातांत्रिक राष्ट्र के रूप में देखना चाहते थे।

लोग सुभाष को उनके नाम से जानने लगे थे तथा स्वतंत्रता आन्दोलन को भी उनसे जोड़कर देखते थे। वे एक लोकप्रिय युवा नेता बनकर उभरे। उनकी संगठन क्षमता की बहुत प्रशंसा होती थी।

1927 में, जेल से छोड़े जाने के बाद बोस कांग्रेस पार्टी के महासचिव बने तथा देश की स्वतंत्रता के लिए जवाहरलाल नेहरू के साथ मिलकर काम करने लगे। एक बार फिर बोस को सविनय अवज्ञा आन्दोलन के कारण गिरफ्तार कर लिया गया। 1930 में वे कलकत्ता के मेयर बने। 1930 के दशक के मध्य में बोस ने यूरोप का भ्रमण किया जहाँ वे भारतीय छात्रों एवं यूरोप के नेताओं से मिले जिनमें मुसोलिनी भी शामिल था। उन्होंने विभिन्न पार्टियों के संगठनों को देखा तथा साम्यवाद एवं फासिज्म को कार्य करते देखा। 1938 तक बोस एक राष्ट्रीय स्तर के नेता बन चुके थे। इसी वर्ष वे कांग्रेस अध्यक्ष बनने को राजी हुए।

कांग्रेस के गुवाहाटी सत्र के दौरान नए एवं पुराने सदस्यों के बीच के मतभेद खुलकर सामने आए। परंपरागत नेतृत्व के विपरीत युवा नेतागण "बिना किसी समझौते के पूर्ण स्वराज" चाहते थे जबकि वरिष्ठ नेतागण ब्रिटिश शासन के अन्तर्गत 'डोमिनियन स्टेटस' चाहते थे।

❑❑❑

सुभाष एवं राष्ट्रीय राजनीति

महात्मा गाँधी एवं सुभाष चन्द्र बोस

नरमपंथी महात्मा गाँधी और आक्रामक सुभाष चन्द्र बोस के बीच मतभेद लगातार बढ़ रहे थे।

सुभाष बिना शर्त पूर्ण स्वराज चाहते थे। इसे प्राप्त करने के लिए वे बल का प्रयोग भी करना चाहते थे। इसके कारण गाँधीजी के साथ टकराव होना अवश्यम्भावी था जिन्होंने वस्तुतः अध्यक्ष के चुनाव में बोस का विरोध किया था। इसके कारण भारतीय राष्ट्रीय कांग्रेस का विभाजन करना पड़ा। बोस ने एकता बनाए रखने का प्रयत्न किया परन्तु गाँधीजी ने उनको स्वयं का कैबिनेट बनाने का सुझाव दिया। इसके कारण बोस एवं नेहरू के बीच भी मतभेद बढ़ गए। 1939 की कांग्रेस की सभा में बोस गाँधीजी के पसंदीदा उम्मीदवार पट्टाभी सीतारमय्या को हराकर एक बार फिर कांग्रेस के अध्यक्ष निर्वाचित हुए थे।

यद्यपि बोस ने चुनाव जीत लिया था परन्तु उन्होंने गाँधीजी से मतभेद होने के कारण पार्टी से त्यागपत्र दे दिया। 1939 में उन्होंने फॉरवर्ड ब्लॉक की स्थापना की।

कांग्रेस के अंदरूनी विवाद में यू. मुथुरामालिंगम थेवर ने बोस का मजबूती से साथ दिया। थेवर ने बोस के लिए सभी दक्षिण भारतीय मतों का बन्दोबस्त किया। कांग्रेस कार्यसमिति में गाँधी समर्थकों से टकराव होने के बाद बोस को कांग्रेस अध्यक्ष पद से त्यागपत्र देना पड़ा। समझौता न करने की अपनी नीति के कारण बोस अंततः मुख्यधारा की भारतीय राजनीति से अलग-थलग पड़ गए। 22 जून, 1939 को बोस ने फॉरवर्ड ब्लॉक का संगठन किया जिसकी मुख्य शक्ति उनके गृह राज्य बंगाल में थी। क्रिमिनल ट्राइब्स एक्ट (सीटीए) को वापस नहीं लिए जाने के कारण थेवर भी कांग्रेस नेतृत्व से नाराज थे। उन्होंने भी फॉरवर्ड ब्लॉक की सदस्यता ग्रहण की। 6 सितम्बर को जब बोस मदुरई पहुँचे तो थेवर ने उनके स्वागत में एक बड़ी सभा का आयोजन किया।

बोस ने इस बात की वकालत की कि युद्धरत ब्रिटेन की राजनैतिक अस्थिरता का लाभ उठाया जाना चाहिए न कि इस बात का इंतजार किया जाना चाहिए कि ब्रिटेन युद्ध समाप्त होने के बाद स्वयं भारत को आजादी दे देगा (जो कि जवाहरलाल नेहरू एवं कांग्रेस के एक वर्ग के नेताओं का मत था)। इटालियन राजनेता गियुसेप्पे गैरीबाल्डी तथा गियुसेप्पे मैजिनी के विचारों से प्रभावित होकर उन्होंने यह रुख अपनाया था।

उनके पत्र-व्यवहारों से यह पता चलता है कि ब्रिटिश शासन को पसन्द न करने के बावजूद वे ब्रिटिशों के विधिवत् एवं व्यवस्थित ढंग से काम करने की उनकी प्रवृत्ति और जीवन के प्रति उनके पूर्णरूपेण अनुशासनात्मक दृष्टिकोण से प्रभावित थे। इंग्लैंड में उन्होंने भारत के भविष्य के विषय में ब्रिटिश लेबर पार्टी के नेताओं तथा राजनैतिक विचारकों जैसे लॉर्ड हैलिफेक्स, जार्ज लैन्सबरी, क्लीमेन्ट एटली, आर्थर

ग्रीनवुड, हेरोल्ड लास्की, जे.बी.एस. हाल्दाने, इवोर जेनिंग्स, जी.डी.एच. कोल, गिलबर्ट मरे तथा सर स्टैफर्ड क्रिप्स से विचार विनिमय किया। उनका यह विश्वास था कि स्वतंत्र भारत में समाजवादी अधिनायकवाद की जरूरत कम से कम दो दशकों तक होगी जैसा कि तुर्की में कमाल अतातुर्क ने लागू किया था। बोस को ब्रिटिश अधिकारियों द्वारा राजनैतिक कारणों से अंकारा में कमाल अतातुर्क से मिलने की इजाजत नहीं दी गई।

इंग्लैंड में उनके प्रवास के दौरान केवल लेबर पार्टी तथा लिबरल नेतागण बोस से मिलने को राजी हुए। कंजर्वेटिव पार्टी के नेताओं ने बोस से मिलने के लिए इसलिए इंकार कर दिया क्योंकि वे एक ब्रिटिश उपनिवेश से आनेवाले एक राजनेता थे। 1930 के दशक में कंजर्वेटिव पार्टी के बड़े नेताओं ने भारत को डोमिनियन स्टेटस दिए जाने का विरोध किया। 1945-1951 की लेबर पार्टी की सरकार के कार्यकाल में ही जब क्लीमेंट एटली प्रधानमंत्री थे तब भारत को आजादी मिली थी।

युद्ध शुरू होने पर, बोस ने सविनय अवज्ञा अभियान की शुरुआत वायसराय लार्ड लिनलिथगो द्वारा कांग्रेस नेतृत्व से सलाह-मशविरा किए बिना ही भारत को युद्ध में झोंकने के निर्णय के विरुद्ध की। गाँधीजी द्वारा उनकी बात मानने से इंकार करने के बाद बोस ने एक जन-आन्दोलन शुरू करने का निर्णय लिया। उन्होंने पूरे देश के लोगों को एकजुट करना शुरू किया। उनको व्यापक जन-समर्थन मिला। उन्होंने कलकत्ता में विरोध प्रदर्शन आयोजित किये जिनमें 'होलवेल स्मारक' को कलकत्ता का 'ब्लैक होल' कहा गया जो कि डलहौजी स्क्वायर के एक कोने में स्थित था। इस स्मारक को हटाए जाने की भी माँग की गई। तब उनको ब्रिटिश सरकार द्वारा जेल भेज दिया गया परन्तु सात दिन की भूख-हड़ताल के

बाद जब उनका स्वास्थ्य काफी खराब हो गया तो पूरे देश में हिंसक प्रतिक्रिया होने के डर से अधिकारियों द्वारा उनको जेल से छोड़ दिया गया किंतु कलकत्ता स्थित घर में सी.आई.डी. की निगरानी में नजरबंद रखा गया। उनके विरुद्ध दो मामले न्यायालयों में विचाराधीन थे इसलिए उनको लगा कि ब्रिटिश उनको युद्ध का अन्त होने से पहले देश छोड़ने की इजाजत नहीं देंगे।

बोस ऐसे व्यक्ति नहीं थे जो चुपचाप पड़े रहकर सबकुछ देखते रहते। भारत को आजाद करवाने की उनकी प्रबल इच्छा ने उन्हें देश से निकलने के उपायों के बारे में गम्भीरतापूर्वक सोचने के लिए प्रेरित किया। वे विदेश जाकर अन्य देशों की मदद से, भारत को ब्रिटिशों से मुक्त करवाना चाहते थे।

नजरबन्दी के दौरान, जनवरी, 1941 में सुभाष ने बच निकलने की एक योजना बनाई।

❑❑❑

ब्रिटिश भारत से निर्गमन

विदेश में सुभाष

आजाद होने की तथा देश को आजाद करवाने की प्रबल इच्छा के कारण बोस अफगानिस्तान एवं सोवियत संघ से होकर जर्मनी पहुँचे। घर से बाहर निकलने के कुछ दिन पहले से वे धार्मिक अनुष्ठान के बहाने संतरियों से बचते रहे एवं दाढ़ी बढ़ा ली। वे पठानों के कपड़े पहनकर रात के समय अपने कलकत्ता स्थित आवास से 19 जनवरी, 1941 को निकलकर भागने में कामयाब हो गए। वे अपने भतीजे शिशिर कुमार बोस के साथ उस कार से निकल भागे थे जो कि अब भी उनके कलकत्ता स्थित घर में लोगों के दर्शनार्थ उपलब्ध है।

वे अबवेहर की मदद से पेशावर पहुँचे जहाँ वे अकबर शाह, मोहम्मद शाह एवं भगतराम तलवार से मिले। बोस को अकबर शाह के एक विश्वस्त मित्र अबद खान के घर ले जाया गया। 26 जनवरी 1941 को, बोस ने भारत की उत्तर-पश्चिमी सीमा से होकर अफगानिस्तान होते हुए रूस पहुँचने की यात्रा प्रारम्भ की। इसके लिए उन्होंने मियाँ अकबर शाह की मदद ली जो उत्तर-पश्चिमी सीमान्त प्रान्त के फॉरवर्ड ब्लॉक के एक नेता थे। शाह भारत से बाहर सोवियत संघ के लिए निकले तथा बोस

को एक अनूठी वेश-भूषा अपनाने का सुझाव दिया। चूँकि बोस पश्तो का एक शब्द भी बोल पाने में असमर्थ थे इसलिए वे ब्रिटिशों के लिए काम कर रहे पश्तो भाषी लोगों का आसान शिकार बन सकते थे। अतः शाह ने यह सुझाव दिया वे गूँगा एवं बहरा बन जाएँ एवं दाढ़ी बढ़ाकर खानाबदोशों जैसे बन जाएँ। बोस का गाइड भगतराम तलवार, जो कि उन्हें नहीं पहचानता था, एक सोवियत एजेंट था।

आगा खान तृतीय के समर्थकों ने पूरे अफगानिस्तान में उनकी मदद की जहाँ वे एक अबवेहर इकाई से मिले। उन्होंने उनसे यह कहा कि वे टोड्ट संगठन के सड़क निर्माण करनेवाले अभियंता हैं। अबवेहर इकाई के लोगों ने उनको काबुल से होते हुए अफगानिस्तान से निकलकर सोवियत रूस पहुँचने में मदद की। बोस ने अफगानिस्तान के रास्ते में एक पश्तून बीमा एजेण्ट जियाउद्दीन का भेष बदला। उन्होंने इटली के पासपोर्ट पर मॉस्को तक की यात्रा की। पासपोर्ट में उनका नाम "काउन्ट औरलेन्डो मजोटा" लिखा था। रूस पहुंचने पर एन.के.वी.डी. ने बोस को मॉस्को पहुँचाया जहाँ उनको यह उम्मीद थी कि ब्रिटिश शासन के विरुद्ध रूस की परंपरागत दुश्मनी के कारण उनको रूस का समर्थन प्राप्त होगा। परन्तु बोस ने पाया कि सोवियत संघ के नेता उनकी योजनाओं के समर्थक नहीं थे। वे तुरंत मॉस्को में जर्मनी के राजदूत काउन्ट वॉन डर शूलेनबर्ग से मिले। उसने बोस को एक विशेष वायुयान के द्वारा अप्रैल के शुरू में बर्लिन भेजा जहाँ विल्हेमस्ट्रास में जोआचिम वॉन रिबेनट्राप तथा विदेश मंत्रालय के अधिकारियों का रुख बेहतर था। मॉस्को से वे रोम पहुँचे तथा इसके के बाद वे जर्मनी पहुँचे।

जर्मनी में, उन्होंने एडम वॉन ट्रॉट जू शोल्ज के नेतृत्व में भारत का विशेष ब्यूरो बनाया जो कि जर्मनी द्वारा प्रायोजित आजाद हिन्द रेडियो

का प्रसारण करता था। उन्होंने बर्लिन में फ्री इण्डिया सेन्टर बनाया तथा इण्डियन लीजन (जिसमें 4500 सैनिक थे) की स्थापना की जिसमें ऐसे भारतीय युद्धबन्दी शामिल थे जो कि ब्रिटिशों की ओर से लड़ते हुए उत्तर अफ्रीका में एक्सिस शक्तियों द्वारा गिरफ्तार किए गए थे। इण्डियन लीजन को वेहरमक्ट से संबद्ध कर दिया गया तथा बाद में वाफेन एस एस को सौंप दिया गया। इसके सदस्यों ने हिटलर तथा बोस के प्रति यह प्रतिज्ञा की : "मैं ईश्वर की शपथ लेता हूँ कि मैं जर्मन नस्ल तथा राज्य के नेता एडोल्फ हिटलर, जो कि जर्मन सशस्त्र बलों के कमाण्डर हैं, की आज्ञाओं का पालन भारत के लिए की जा रही लड़ाई में करूँगा, जिसके नेता सुभाष चन्द्र बोस हैं।" इस शपथ में यह स्पष्ट होता है कि इण्डियन लीजन पर जर्मन सशस्त्र बलों को नियंत्रण दिया गया था जबकि बोस को भारत का नेतृत्व दिया गया था। वे भारत पर आक्रमण करने की एक योजना बनाने के लिए भी तैयार थे जिसके तहत आजाद हिन्द लीजन की अगुवाई में रूस से होते हुए नाजी सैनिकों द्वारा भारत पर आक्रमण किया जाता। अनेक विद्वान उनकी इस योजना के विषय में सवाल खड़े करते हैं क्योंकि युद्ध के बाद जर्मनों को भारत छोड़ने के लिए राजी करना आसान नहीं होता जिसके कारण एक्सिस शक्तियों को युद्ध में जीत भी हासिल हो सकती थी।

कुल 3000 भारतीय युद्धबन्दी आजाद हिन्द लीजन में शामिल हुए थे। परन्तु खुश होने के बजाय बोस चिंतित थे। जब जर्मन टैंकों ने सोवियत संघ में प्रवेश किया तो रूस का समर्थक होने के कारण वे अत्यंत दुखी हुए। इस तथ्य के कारण स्थिति और भी खराब हो गई कि अब पीछे हट रही जर्मनी की सेना ब्रिटिशों को भारत से भगाने में उनकी मदद करने में सक्षम नहीं रही थी। मई 1942 में जब वे हिटलर से मिले

तो उनकी शंकाएँ सच साबित हुईं एवं उनको यह मानने के लिए विवश होना पड़ा कि नाजी नेता उनके सैनिकों का उपयोग केवल अपने हितों को बढ़ावा देने के लिए कर रहे थे। इसलिए फरवरी 1943 में, बोस गुप्त रूस से एक पनडुब्बी द्वारा जापान रवाना हो गए। इसके परिणामस्वरूप उनके द्वारा ज़र्मनी में भर्ती किए गए लोगों का मनोबल टूट गया और वे नेताविहीन हो गए। किंतु भारत की आजादी के लिए बोस का जाना जरूरी था।

बोस ने बर्लिन में लगभग तीन वर्ष बिताए थे। वे 1941 से 1943 तक वहाँ रहे। इस अवधि में उन्होंने एमिलि स्केन्कल से विवाह किया एवं 1942 में उनकी पुत्री अनीता बोस का जन्म हुआ।

जब उन्हें भारत को आजाद करवाने में जर्मनी से मदद की उम्मीद नहीं रहीं तो 1943 में वे जापान रवाना हुए। वे जर्मन पनडुब्बी यू-180 द्वारा केप ऑफ गुड होप पहुँचे तथा जापानी पनडुब्बी आई-29 द्वारा जापान पहुँचे। द्वितीय विश्व युद्ध के दौरान दो पृथक नौसेनाओं की पनडुब्बियों के बीच में यह एकमात्र असैनिक आदान-प्रदान था।

जापान में उनका भव्य स्वागत किया गया तथा उन्हें भारतीय सेना का सेनापति घोषित किया गया जिसमें सिंगापुर तथा दूसरे पूर्वी क्षेत्रों के लगभग 40,000 सैनिक मौजूद थे। बोस ने इसका नाम भारतीय राष्ट्रीय सेना रखा तथा 21 अक्टूबर 1943 को आजाद हिन्द सरकार के नाम से एक सरकार के गठन की घोषणा की। भारतीय राष्ट्रीय सेना ने अण्डमान तथा निकोबार द्वीपों को ब्रिटिशों से आजाद करवाया तथा उनका नाम 'स्वराज' एवं 'शहीद' द्वीप रखा। उनकी सरकार ने वहाँ से काम करना शुरू कर दिया।

❑❑❑

आजाद हिंद फौज का नेतृत्व

सुभाष एवं रासबिहारी बोस

भारतीय राष्ट्रीय सेना की स्थापना मूलतः कैप्टन मोहन सिंह द्वारा सिंगापुर में जापान द्वारा सुदूर पूर्व में बन्दी बनाए गए भारतीय युद्धबन्दियों को लेकर सितम्बर 1942 में की गई थी। यह स्थापना आप्रवासी राष्ट्रवादी नेता रासबिहारी बोस के नेतृत्व वाली इंडियन इंडिपेन्डेन्स लीग के समर्थन से एवं उसकी नीति के अनुसार की गई थी। प्रथम भारतीय राष्ट्रीय सेना को दिसम्बर 1942 में हिकारी किकान एवं मोहन सिंह के बीच मतभेद उत्पन्न होने के कारण भंग कर दिया गया था। मोहन सिंह को ऐसा लगा था कि जापानी हाई कमान भारतीय राष्ट्रीय सेना को महज एक प्रौपेगन्डा के औजार के रूप में इस्तेमाल कर रही थी। मोहन सिंह को गिरफ्तार कर लिया गया तथा सैनिकों को युद्धबंदी शिविरों में भेज दिया गया।

1943 में सुभाष चन्द्र बोस के सुदूर पूर्व में आगमन के बाद स्वतंत्रता प्राप्त करने के लिए एक सेना के गठन के विचार को बल मिला। जुलाई में सिंगापुर में एक बैठक में रासबिहारी बोस ने संगठन का नियंत्रण सुभाष चंद्र बोस को सौंप दिया।

4 जुलाई, 1943 को सुभाष चन्द्र बोस ने 'आजाद हिन्द फौज' एवं 'इंडियन लीग' की कमान को संभाला। आजाद हिन्द फौज के सिपाही सुभाष चन्द्र बोस को नेताजी कहते थे। बोस ने अपने अनुयायियों को 'जय हिन्द' का नारा दिया। उन्होंने 21 अक्टूबर, 1943 को सिंगापुर में अस्थायी भारत सरकार 'आजाद हिन्द सरकार' की स्थापना की। सुभाष चन्द्र बोस इस सरकार के राष्ट्रपति, प्रधानमंत्री तथा सेनाध्यक्ष तीनों थे।

बोस ने सेना का फिर से संगठन किया एवं दक्षिण-पूर्व एशिया के भारतीयों का व्यापक जन-समर्थन हासिल किया, जिन्होंने तन-मन-धन से अपना समर्थन भारतीय राष्ट्रीय सेना में शामिल होकर एवं आर्थिक सहायता प्रदान करके दर्शाया। एक समय भारतीय राष्ट्रीय सेना में 85,000 सामान्य सैनिक शामिल थे। महिलाओं की एक अलग इकाई, जिसका नाम झाँसी की रानी रेजीमेन्ट था, का नेतृत्व कैप्टन लक्ष्मी स्वामीनाथन के पास था। एशिया की अपनी तरह की यह पहली इकाई थी।

'आजाद हिन्द फौज' के प्रतीक चिह्न के लिए एक झंडे पर दहाड़ते हुए बाघ का चित्र बना होता था।

'कदम-कदम बढ़ाए जा, खुशी के गीत गाए जा'-इस संगठन का वह गीत था, जिसे गुनगुना कर संगठन के सेनानी जोश और उत्साह से भर उठते थे।

अत्यंत कठिन एवं विकट परिस्थितियों का सामना करते

हुए भी बोस आजाद हिंद आन्दोलन के लिए समर्थन कायम रखने में सक्षम थे। बोस की सबसे प्रसिद्ध उक्ति थी, "तुम मुझे खून दो मैं तुम्हें आजादी दूँगा।" 4 जुलाई, 1944 को बर्मा में भारतीय राष्ट्रीय सेना के समर्थन में दिए एक भाषण में उन्होंने यह उद्घोष किया था। इस भाषण में उन्होंने भारत की जनता से ब्रिटिश राज के विरुद्ध लड़ने का आह्वान किया था। हिन्दी में दिया गया यह भाषण अत्यन्त प्रभावोत्पादक था। भारतीय राष्ट्रीय सेना के सैनिक अंतरिम सरकार के तहत कार्य करते थे जिसकी अपनी मुद्रा, डाक टिकट, न्यायालय एवं नागरिक कानून था तथा जिसको नौ एक्सिस देशों–जर्मनी, जापान, इटली, क्रोएशिया, नानजिंग, चीन का वांग जिंगवेई शासन, बर्मा की एक अंतरिम सरकार, मंचुकुओ तथा जापान-नियंत्रित फिलीपीन्स से मान्यता प्राप्त थी।

नवीनतम शोधों से पता चला है कि रूस ने भी "स्वतंत्र भारत की इस अंतरिम सरकार" को मान्यता प्रदान की थी। इन देशों में से पाँच सरकारें एक्सिस शक्तियों के कब्जे वाले क्षेत्रों की थीं। यह सरकार नवम्बर 1943 में वृहत पूर्वी एशिया कान्फ्रेन्स में भी एक आब्जर्वर के नाते शामिल हुई थी।

भारत की मुख्य भूमि पर भारतीय तिरंगा सर्वप्रथम उत्तर-पूर्वी भारत के मणिपुर के मोईरेंग में फहराया गया। कोहिमा तथा इम्फाल शहरों को जापानी, बर्मी एवं भारतीय राष्ट्रीय सेना के गाँधी तथा नेहरू ब्रिगेडों के कब्जे में रखा गया था। भारत पर कब्जा करने के इस प्रयास को आपरेशन यू-गो के नाम से जाना जाता है। किंतु राष्ट्रमंडल के बलों ने दोनों शहरों पर फिर से कब्जा कर लिया तथा बोस के आक्रमणकारी बलों पर हमला करके उन्हें गहरा आघात पहुँचाया जिन्हें बर्मा में शरण लेने के लिए बाध्य होना पड़ा।

जब सेना के लिए जापानी सहायता कम हो गई तो बोस को बाध्य होकर मलेशिया एवं सिंगापुर की भारतीय आबादी पर कर लगाना पड़ा। जब कोहिमा एवं इम्फाल की लड़ाइयों में जापान की हार हुई तो भारत की मुख्य भूमि में एक आधार बनाने का अंतरिम सरकार का सपना सदा के लिए टूट गया। जापानी सेना के साथ-साथ भारतीय राष्ट्रीय सेना को भी पीछे हटना पड़ा एवं बर्मा के नियंत्रण के लिए हुई लड़ाई में मेकटिला, मांडले, पेगू, न्यान्यू तथा माउन्ट पोपा में यह जापानी सेना के साथ मिलकर लड़ी। रंगून के पतन के बाद बोस की सरकार एक प्रभावशाली राजनैतिक इकाई नहीं रही। बड़ी संख्या में भारतीय राष्ट्रीय सेना के सैनिकों ने ले. कर्नल लोगानाथन के नेतृत्व में उस समय आत्मसमर्पण कर दिया जब रंगून का पतन हुआ। बाकी बचे सैनिक बोस के साथ मलाया एवं थाइलैंड की ओर पीछे हटे। युद्ध के अन्त में जापान द्वारा आत्मसमर्पण करने के कारण भारतीय राष्ट्रीय सेना को भी अंततोगत्वा आत्मसमर्पण करना पड़ा तथा इनमें से कुछ पर राजद्रोह को मुकदमा भी चलाया गया।

आजाद हिन्द फौज के गिरफ्तार सैनिकों एवं अधिकारियों पर अंग्रेज सरकार ने दिल्ली के लालकिले में नवम्बर, 1945 में मुकदमा चलाया। इस मुकदमे के मुख्य अभियुक्त कर्नल सहगल, कर्नल ढिल्लों एवं मेजर शाहवाज खाँ पर राजद्रोह का आरोप लगाया गया। इनके पक्ष में सर तेजबहादुर सप्रू, जवाहरलाल नेहरू, भूलाभाई देसाई और के.एन. काटजू ने दलीलें दीं। लेकिन फिर भी इन तीनों को फांसी की सजा सुनाई गई। इस निर्णय के खिलाफ पूरे देश में कड़ी प्रतिक्रिया हुई, नारे लगाए गए—''लालकिले को तोड़ दो, आजाद हिन्द फौज को छोड़ दो।'' विवश होकर तत्कालीन वायसराय लॉर्ड वेवेल ने अपने विशेषाधिकार का प्रयोग कर इनकी मृत्युदण्ड की सजा को माफ कर दिया।

6 जुलाई, 1944 को आजाद हिंद रेडियो द्वारा सिंगापुर से प्रसारित किए गए एक भाषण में बोस ने महात्मा गाँधी को "राष्ट्रपिता" कहकर सम्बोधित किया था तथा युद्ध के लिए उनकी शुभकामनाओं की इच्छा प्रकट की थी। तब महात्मा गाँधी को इस संबोधन से पहली बार संबोधित किया गया था।

बोस ने रेडियो पर गाँधी जी को संबोधित करते हुए कहा–"भारत की स्वाधीनता का आखिरी युद्ध शुरू हो चुका है। हे राष्ट्रपिता भारत की मुक्ति के इस पवित्र युद्ध में हम आपका आशीर्वाद और शुभकामनाएँ चाहते हैं।"

भारतीय राष्ट्रीय सेना (INA)

इसके अतिरिक्त फौज की बिग्रेड को नाम दिये गये–'महात्मा गाँधी ब्रिगेड', 'अबुल कलाम आजाद ब्रिगेड', 'जवाहरलाल नेहरू ब्रिगेड' तथा 'सुभाष चन्द्र बोस ब्रिगेड'। सुभाष चन्द्र बोस ने सैनिकों का आह्वान करते हुए कहा तुम मुझे खून दो, मैं तुम्हें आजादी दूँगा।

किंतु महात्मा गाँधी सहित कोई भी कांग्रेसी नेता ब्रिटिश सरकार के विरुद्ध उनके युद्ध का समर्थन नहीं करना चाहता था। देश में चंद्रशेखर आजाद, भगतसिंह व अन्य क्रांतिकारी शहीद हो चुके थे। ऐसे में सुभाष चंद्र बोस को शुभकामनाएँ और समर्थन देने वाला कोई नहीं था। अब उनके समक्ष विदेशी नेताओं से मदद माँगने के अतिरिक्त और कोई उपाय नहीं था।

22 सितम्बर, 1944 को शहीदी दिवस मनाते हुए सुभाष चन्द्र बोस ने अपने सैनिकों से मार्मिक शब्दों में कहा–"हमारी मातृभूमि स्वतन्त्रता की खोज में है। तुम मुझे खून दो, मैं तुम्हें आजादी दूँगा। यह स्वतन्त्रता की देवी की माँग है।" किन्तु दुर्भाग्यवश युद्ध का पासा पलट गया। जर्मनी ने हार मान ली और जापान को भी घुटने टेकने पड़े। ऐसे में सुभाष को टोकियो की ओर पलायन करना पड़ा।

यद्यपि उनका सैनिक अभियान असफल हो गया, किंतु इस असफलता में भी उनकी जीत छिपी थी। वे ब्रिटिश सरकार पर भरपूर दबाव बनाने में कामयाब रहे थे। निस्सन्देह सुभाष एक परम राष्ट्रवादी थे। उनके मन में सबल तरीकों के प्रति भावनात्मक झुकाव भी था और वे भारत को शीघ्रातिशीघ्र स्वतन्त्रता दिलाने हेतु हिंसात्मक उपायों में आस्था भी रखते थे। इसीलिए उन्होंने आजाद हिन्द फौज का गठन किया था। इस सेना में लगभग चालीस हजार सेनानी थे। इस संख्या का अनुमोदन ब्रिटिश इंटेलिजेंस में रहे कर्नल जी डी एण्डरसन ने भी किया है।

आजाद हिन्द फौज के गुमनाम शहीदों की याद में सिंगापुर के एस्प्लेनेड पार्क में आईएनए वार मेमोरियल बनाया गया था। आजाद हिन्द फौज के सुप्रीम कमाण्डर सुभाष चन्द्र बोस ने 8 जुलाई, 1945 को इस स्मारक पर जाकर उन अनाम सैनिकों को अपनी श्रद्धांजलि अर्पित की थी।

❑❑❑

सुभाष चन्द्र बोस

लापता होने एवं मृत्यु से संबंधित रहस्य

नेताजी की प्रतिमा

हिरोशिमा एवं नागासाकी पर की गई बमबारी ने मानवता के इतिहास को बदल कर रख दिया। जापान को आत्मसमर्पण करना पड़ा। बोस उस समय सिंगापुर में थे तथा अगले कदम के लिए टोकियो और फिर सोवियत संघ जाना चाहते थे।

ऐसा कहा जाता है कि जिस शाही जापानी सेना के एयर फोर्स बोम्बर (मित्सुबिशी ki-21) से वे यात्रा कर रहे थे, उसके इंजन में गड़बड़ी पैदा हुई और वह दुर्भाग्यवश ताइवान के ताइकोहू (ताइपेइ) के ऊपर 18 अगस्त 1945 को दुर्घटनाग्रस्त हो गया। इस विमान दुर्घटना में बोस बुरी तरह से जल गए तथा चार घंटों बाद एक स्थानीय अस्पताल में उनकी मौत हो गई। उनका अंतिम संस्कार वहीं किया गया तथा ताइहोकू (ताइपेइ) के निशी होंगान्जी मन्दिर में एक बौद्ध शोक सभा आयोजित की गई। उनकी अस्थियों को जापान ले जाकर टोकियो के रेंकोजी मन्दिर में रखा गया। इस बात का सत्यापन

कैप्टन योशीदा तानेयोशी तथा एक ब्रिटिश जासूस "एजेन्ट 1189" के बयानों के द्वारा किया गया। दुर्घटना में उनकी मृत्यु की खबर रेडियो टोकियो द्वारा प्रसारित की गई थी।

किंतु भारत में उनके मरने अथवा जीवित बचे रहने की संभावना के बारे में कई मतों की चर्चा की जाती रही है। एक दावे के अनुसार बोस वास्तव में साइबेरिया में मरे जब कि वे सोवियत संघ की कैद में थे। इस मामले की छानबीन के लिए भारत सरकार द्वारा समय-समय पर कई समितियों का गठन किया गया।

मई 1956 में, शाहनवाज समिति के चार भारतीय सदस्यों ने जापान का दौरा किया जिससे कि बोस की तथाकथित मृत्यु की परिस्थितियों के बारे में पता चल सके। किंतु भारत सरकार ने उस समय ताइवान की सरकार से इस मामले में सहायता की माँग नहीं की। इसका कारण ताइवान से राजनयिक सम्बन्धों का न होना बताया गया।

बाद में जस्टिस मनोज कुमार मुखर्जी के नेतृत्व में एक जाँच कमीशन ने ताइवान की सरकार से सम्पर्क करके यह जानकारी हासिल की कि 18 अगस्त 1945 को ताइवान में कोई विमान दुर्घटनाग्रस्त नहीं हुआ था जैसा कि पहले दावा किया गया था। इस जाँच कमीशन ने बोस के गायब होने के रहस्य का पता लगाने के लिए 1999 से 2005 की अवधि में कार्य किया था। मुखर्जी कमीशन को यू.एस. स्टेट डिपार्टमेंट से भी एक ऐसी ही रिपोर्ट प्राप्त हुई थी जिसके अनुसार उस अवधि में ताइवान में ऐसी कोई विमान दुर्घटना नहीं हुई थी।

जस्टिस मुखर्जी कमीशन ने 8 नवम्बर, 2005 को भारत सरकार को अपनी रिपोर्ट सौंपी थी। 17 मई, 2006 को संसद में यह रिपोर्ट रखी गई

थी। जाँच में कहा गया था कि बोस विमान दुर्घटना में नहीं मरे थे तथा रेंकोजी मन्दिर में रखी गई अस्थियाँ उनके शरीर की नहीं थीं। भारत सरकार ने कमीशन द्वारा खोजे गए तथ्यों को स्वीकार नहीं किया, यद्यपि इसका कोई कारण भी नहीं बताया गया।

ऐसे अनेक दस्तावेजों, जिनसे बोस के गायब होने के संबंध में जानकारी मिल सकती थी, को तत्कालीन भारत सरकार द्वारा सार्वजनिक नहीं किया गया। इसका कारण यह बताया गया कि ये दस्तावेज दूसरे देशों के साथ भारत के संबंध खराब कर सकते थे।

अनेक लोगों का मानना है कि भगवानजी या गुमनामी बाबा नाम के एक हिन्दू संन्यासी जो कि फैजाबाद, उत्तर प्रदेश के "राम भवन" नामक घर में रहते थे और कोई नहीं सुभाष चन्द्र बोस थे। कम-से-कम चार ऐसे अवसर आए जब गुमनामी बाबा ने यह संकेत दिया कि वे नेताजी सुभाष चन्द्र बोस थे। संन्यासी के सामान को उनकी मृत्यु के बाद न्यायालय के एक आदेश के अनुसार कब्जे में ले लिया गया। बाद में इनका जस्टिस मुखर्जी जाँच आयोग द्वारा निरीक्षण करवाया गया।

जाँच आयोग ने इस विश्वास के विरुद्ध अपना मत प्रकट किया। उसे कोई ठोस सबूत हाथ नहीं लगा। किंतु हिन्दुस्तान टाइम्स द्वारा की गई स्वतंत्र जाँच से ऐसा लगा कि संन्यासी और कोई नहीं स्वयं बोस ही थे। कुछ लोगों का विश्वास था कि गुमनामी बाबा की मृत्यु 16 सितम्बर 1985 को हुई जबकि कुछ अन्य लोगों का मत इससे अलग है। गुमनामी बाबा की कहानी उनकी मृत्यु के बाद प्रकाश में आई। ऐसा बताया जाता है कि उनका दाह-संस्कार आधी रात को गुपचुप तरीके से, मोटरसाइकिल के हैडलैम्प की रोशनी में फैजाबाद में सरयू नदी के किनारे किया गया।

फैजाबाद का बंगाली जन-समुदाय अभी तक उनके स्मारक पर श्रद्धांजलि अर्पित करने उनके जन्म दिवस पर जाता है, परन्तु बाबा का जीवन एवं गतिविधियाँ आज भी एक रहस्य बनी हुई हैं।

जस्टिस मनोज कुमार मुखर्जी, जिन्होंने सुभाष चन्द्र बोस की मृत्यु के विषय में जाँच की थी, ने अपनी रिपोर्ट में कहा कि फैजाबाद के संन्यासी (भगवानजी) बोस थे या नहीं, यह पता करना मुश्किल है क्योंकि इसे साबित करने का कोई ठोस प्रमाण उपलब्ध नहीं है। फिर भी एक टी.वी. डॉक्यूमेन्टरी में उन्होंने एक अस्पष्ट संकेत दिया था कि संन्यासी भगवान जी बोस ही थे। इस संकेत से इस विचार को बल मिलता है कि बोस 1945 में विमान दुर्घटना में नहीं मारे गए थे तथा वास्तव में वे उसके बाद भी भारत में गुमनाम रह रहे थे।

1992 में बोस को मरणोपरान्त भारत के सबसे बड़े नागरिक सम्मान भारत रत्न से सम्मानित किया गया था। परन्तु न्यायालय में दाखिल एक जनहित याचिका पर सुप्रीम कोर्ट के निर्देश के बाद यह सम्मान वापिस ले लिया गया। सम्मान प्रदान करनेवाली समिति बोस की मृत्यु के बारे में कोई ठोस प्रमाण नहीं दे सकी अतः ''मरणोपरान्त'' सम्मान की वैधानिकता मान्य नहीं थी।

बाद में लोकसभा सचिवालय ने 1945 की विमान दुर्घटना में नेताजी की मृत्यु होने के बारे में अपनी एक पुस्तक-'औनरिंग नेशनल लीडर्स : स्टेच्यूज एण्ड पोर्ट्रेट्स इन पार्लियामेन्ट कॉम्प्लेक्स' में कहा कि इस दुर्घटना में उनकी मृत्यु होने का कोई ठोस प्रमाण उपलब्ध नहीं है।

❑❑❑

सुभाष चन्द्र बोस

नेताजी का सामाजिक दर्शन

सामाजिक-राजनैतिक चिंतक के रूप में सुभाष चन्द्र बोस के योगदान को उनके क्रियाकलापों, पत्रों, तथा स्वतंत्रता संग्राम के विभिन्न चरणों में दिए गए उनके भाषणों में देखा जा सकता है। इनसे उनके सामाजिक, आर्थिक तथा राजनैतिक सिद्धान्तों के विकास की प्रक्रिया का संकेत मिलता है जो कि भारत के बदलते परिवेश तथा पूरे विश्व में उनके स्वयं के मन की प्रतिक्रिया के कारण विकसित हुई थी। उनके विचारों का योग तथा प्रतिबद्धताएँ उनके दर्शन का निर्माण करती हैं, यद्यपि वे मुख्य रूप से एक क्रियाशील व्यक्ति थे।

धर्म के विषय में उनके विचार

माता-पिता के प्रभाव के कारण सुभाष चन्द्र बोस एक धार्मिक एवं आध्यात्मिक व्यक्ति के रूप में विकसित हुए। हिन्दू धार्मिक कृत्यों के प्रति बचपन से लेकर 1945 तक के उनके गौरवशाली कैरियर में उन्हें काफी लगाव रहा। रामकृष्ण परमहंस तथा विवेकानन्द की शिक्षाओं के सम्पर्क में आने के बाद आध्यात्म के प्रति उनकी रुचि बढ़ी। वे हमेशा अपनी जेब

में भगवद्गीता की एक छोटी प्रति रखते थे। वे दक्षिण-पूर्व एशिया के युद्ध-क्षेत्रों में भी देर रात को गहन ध्यान लगाया करते थे। सिंगापुर में वे देर रात को रामकृष्ण मिशन जाया करते थे। वहाँ वे पुजारियों द्वारा पहनी जानेवाली रेशम की धोती पहनकर तथा हाथ में अगरबत्ती लेकर प्रार्थना कक्ष में कई घंटों तक ध्यान लगाया करते थे। दुःख तथा पीड़ा की घड़ियों में भी वे भगवान की आराधना में प्रायः लीन हो जाया करते थे।

सुभाष चन्द्र बोस ने उपनिषदों के त्याग के सिद्धान्तों को स्वीकार किया। वे आत्म-साक्षात्कार करने का प्रयत्न करते रहे तथा देश के हित के लिए प्रतिबद्ध होकर काम करने का निर्णय लिया।

धर्मनिरपेक्ष होने के कारण सुभाष चन्द्र बोस सभी धर्मों के प्रति सद्भाव रखते थे। उनके अनुसार स्वतंत्र भारत की सरकार का सभी धर्मों के प्रति निष्पक्ष व्यवहार होना चाहिए तथा प्रत्येक व्यक्ति को यह अधिकार होना चाहिए कि वह अपने पसन्द के धर्म या पंथ को अपना सके। धर्म एक व्यक्तिगत मामला है, यह राज्य के अधिकार क्षेत्र का विषय नहीं हो सकता।

बोस का यह दृढ़ विश्वास था कि आर्थिक मुद्दे साम्प्रदायिक विभाजनों एवं बन्धनों से परे होते हैं। गरीबी, बेरोजगारी, अशिक्षा, बीमारी, कराधान, ऋणग्रस्तता हिन्दुओं-मुस्लिमों तथा समाज के दूसरे हिस्सों को एकसमान रूप से प्रभावित करते हैं।

सुभाष धर्म या प्रान्त के आधार पर कोई भेदभाव नहीं करते थे। भारतीय राष्ट्रीय सेना के हिन्दू, मुस्लिम तथा सिख सैनिकों को यह समझाया जाता था कि वे एक ही मातृभूमि के पुत्र हैं।

अपनी आत्मकथा में बोस लिखते हैं, "वास्तव में मैं मुस्लिमों को अलग नहीं मानता हूँ, अन्तर केवल इतना है कि वे प्रार्थना करने के लिए मस्जिद जाते हैं।"

अपने सार्वजनिक भाषणों में सुभाष ने भारत में जाति-प्रथा के खात्मे के विषय में जोरदार वकालत की तथा 6 अप्रैल से 13 अप्रैल तक के सप्ताह को अस्पृश्यता-विरोधी सप्ताह के रूप में मनाने की शुरुआत की थी। स्वामी विवेकानन्द के सच्चे शिष्य के रूप में बोस ने यह माना कि भारत की प्रगति दबे-कुचलों के उत्थान तथा तथाकथित अछूतों के उत्थान से ही संभव हो सकेगी जो कि हमारे समाज के सार-तत्व हैं।

दक्षिण-पूर्व एशिया में रहनेवाले सभी भारतीय बिना जाति, नस्ल, लिंग तथा सम्प्रदाय के भेद के भारतीय राष्ट्रीय सेना में एकजुट रहते थे। सुभाष चन्द्र बोस के नेतृत्व में वे एकता, विश्वास तथा बलिदान की भावना से भरकर अपनी मातृभूमि भारत को आजाद करवाने के लिए मिलजुलकर कार्य करते थे।

महिलाओं के विषय में उनके विचार

सुभाष चन्द्र बोस ने अपने राजनैतिक गुरु देशबन्धु चित्तरंजन दास के आदर्शों को तथा नारी शिक्षा एवं महिलाओं के प्रति भेदभाव के विषय में स्वामी विवेकानन्द के विचारों को अपनाया। बोस चाहते थे कि महिलाओं को परिवार तथा समाज में ऊँचा स्थान दिया जाना चाहिए। वे सही अर्थों में महिलाओं को सभी बंधनों एवं कृत्रिम अक्षमताओं–जैसे कि सामाजिक, आर्थिक तथा राजनैतिक–से मुक्ति दिलवाना चाहते थे। उनका यह मानना था कि स्वतंत्र भारत में जाति, नस्ल, लिंग, सम्प्रदाय या धन के आधार पर कोई भेदभाव नहीं होना चाहिए।

सुभाष चन्द्र बोस ने ठीक ही पहचाना कि अशिक्षा एवं आर्थिक रूप से दूसरों पर निर्भर रहना महिलाओं की बुरी स्थिति के कारण थे। वे महिलाओं को पूर्ण रूप से शिक्षित करने के पक्ष में थे। वे विधवा-विवाह के पक्षधर थे तथा पर्दा-प्रथा का उन्मूलन करना चाहते थे।

अनेक बार सुभाष चन्द्र बोस ने स्वतंत्रता आन्दोलन में महिलाओं द्वारा अदा की जा रही महान भूमिका की प्रशंसा की थी।

शिक्षा के विषय में उनके विचार

सुभाष चन्द्र बोस के अनुसार शिक्षा चरित्र निर्माण तथा मानव जीवन के सर्वांगीण विकास के लिए आवश्यक है। शिक्षा मन एवं विचारों पर नियन्त्रण करके आन्तरिक अनुशासन लाती है जिसके फलस्वरूप बाह्य व्यवहार या क्रियाकलाप में अनुशासन आता है।

शिक्षा मस्तिष्क को जागृत करने में मदद करती है जो कि सभी जानकारियों का भण्डार है। शिक्षा व्यक्ति के चरित्र, आत्मविश्वास, शक्ति तथा स्वतंत्रता को बढ़ाती है। उनके अनुसार अशिक्षा की समस्या भारत की मूल समस्या थी।

बोस अनुभव करते थे कि शिक्षा राष्ट्रीय एकता की भावना को बढ़ानेवाला एक बहुत बड़ा कारक है।

❑❑❑

सुभाष चन्द्र बोस

नेताजी का आर्थिक एवं राजनैतिक दर्शन

आर्थिक योजना एवं औद्योगीकरण

नेताजी ने स्वतंत्र भारत की आर्थिक योजना एवं औद्योगीकरण के बारे में अपने विचारों को इस प्रकार प्रकट किया, "सबसे पहला कार्य जो

हमारी भविष्य की राष्ट्रीय सरकार को करना होगा वह होगा पुनर्निर्माण की वृहत योजना बनाने के लिए एक आयोग बनाना"। बोस चाहते थे कि राष्ट्रीय योजना आयोग की सलाह पर सरकार हमारे सम्पूर्ण कृषि तथा औद्योगिक तंत्र के सामाजीकरण की एक योजना उत्पादन एवं वितरण दोनों के विषय में बनाए। वे ज़मींदारी प्रथा तथा कृषिजनित ऋणग्रस्तता के खात्मे के पक्ष में थे।

सुभाष के अनुसार, आजादी मुख्य रूप से राजनैतिक, आर्थिक तथा सामाजिक स्वतंत्रता को दर्शाती है। उनके अनुसार आर्थिक स्वतंत्रता सामाजिक तथा राजनैतिक स्वतंत्रता का सारतत्व है।

वे बड़े उद्योगों के पक्ष में थे परन्तु साथ-ही-साथ भारत जैसे अल्प-विकसित देश में घरेलू तथा छोटे उद्योगों को भी बढ़ावा देने के पक्ष

में थे। उनका मानना था कि आर्थिक पुनर्निर्माण तथा औद्योगीकरण आधुनिक वैज्ञानिक तथा तकनीकी विधियों के अनुसार होने चाहिएँ।

राजनैतिक विचार

सुभाष चन्द्र बोस के राजनैतिक दर्शन का विश्लेषण प्रायः उनके आध्यात्मिक, राष्ट्रवादी, धर्म-निरपेक्ष, प्रजातांत्रिक तथा समाजवादी विचारों के आधार पर किया जाता है।

आध्यात्मिक विचार

उनके जीवन के आध्यात्मिक विचारों पर सर्वप्रथम उनके धर्मपरायण माता-पिता का प्रभाव था। बाद में उनका खोजी दिमाग, जो कि स्कूल के दिनों से ही मानव जीवन के अर्थ, महत्व तथा उद्देश्यों का अन्वेषण करता था, रामकृष्ण परमहंस, स्वामी विवेकानन्द तथा श्री अरोबिन्दो घोष की शिक्षाओं, पुस्तकों तथा दर्शन से प्रभावित हुआ।

राष्ट्रवादी विचार

सुभाष चन्द्र बोस के पिता एक सरकारी वकील एवं पब्लिक प्रॉसीक्यूटर थे। वे बंगाल लेजिस्लेटिव काउन्सिल के सदस्य बने तथा राय बहादुर की उपाधि प्राप्त की, लेकिन उन्होंने उस पद से त्यागपत्र दे दिया तथा ब्रिटिश सरकार के विरोध में राय बहादुर की उपाधि को भी लौटा दिया। वे भारतीय राष्ट्रीय कांग्रेस के वार्षिक अधिवेशनों में निरंतर जाते रहे तथा स्वदेशी के कट्टर समर्थक थे। इस प्रकार सुभाष को देशभक्ति की भावना अपने पिता से विरासत में प्राप्त हुई।

सुभाष का राष्ट्रवाद का उत्साह स्वामी विवेकानन्द के प्रभाव के कारण और अधिक बढ़ गया था।

धर्मनिरपेक्षता सम्बन्धी विचार

सुभाष के राष्ट्रवाद के दर्शन पर उनके माता-पिता, रामकृष्ण परमहंस, विवेकानन्द तथा अरोबिन्दो घोष के प्रभाव के कारण आध्यात्मिक रंग चढ़ा। आध्यात्म या धर्म के बारे में उनका दृष्टिकोण धर्मनिरपेक्ष था।

सुभाष का लालन-पालन उनके परिवार के उदार एवं धर्मनिरपेक्ष वातावरण में हुआ जिसके कारण उन्हें सभी धर्मों के लोगों के प्रति उदार तथा धर्म-निरपेक्ष विचार अपनाने में मदद मिली। उनके मन में विभिन्न धार्मिक विचारों का समावेश हुआ। सुभाष की धर्मनिरपेक्षता भारतीय संस्कृति तथा सभ्यता के संयोजन के दर्शन से उत्पन्न हुई। उनकी आजाद हिन्द सरकार तथा सेना में हिन्दुओं-मुसलमानों तथा सिखों के बीच एकता कायम करने में उन्हें बहुत सफलता हासिल हुई।

समाजवादी विचार

अपने स्वतंत्र भारत में सुभाष चन्द्र बोस एक ऐसा समाज बनाना चाहते थे जहाँ सबको बराबर आर्थिक लाभ एवं सामाजिक स्तर प्राप्त होता तथा मनुष्यों के बीच जन्म, जाति या नस्ल के आधार पर कोई भेदभाव नहीं होता।

उन्होंने कहा, "स्वतंत्र भारत पूँजीवादियों, जमींदारों तथा जातियों का देश नहीं होगा। स्वतंत्र भारत एक सामाजिक तथा राजनैतिक प्रजातंत्र

होगा...स्वतंत्र भारत में सामाजिक, आर्थिक तथा राजनैतिक समानता पूर्ण प्रभावी रहेगी।''

प्रजातांत्रिक विचार

जीवन के प्रति सुभाष चन्द्र बोस का दृष्टिकोण त्याग, आत्म-बलिदान तथा समानता पर आधारित था जो कि एक प्रकार से जीवन जीने के प्रजातांत्रिक ढंग का सार है।

सुभाष स्वतंत्र विचारों तथा कर्म की आजादी को महत्व देते थे। उनके अनुसार सरकार 'जनता के एक अंग अथवा सेवक के रूप में कार्य करेगी।'

उनके प्रजातांत्रिक विचार साधारण आदमी को बदलाव, विकास एवं प्रगति के एक अभिकर्ता के रूप में रेखांकित करते हैं।

राष्ट्रीय सुरक्षा सम्बन्धी विचार

सुभाष चन्द्र बोस ने कहा था, ''जब भारत आजाद होगा तो सबसे महत्वपूर्ण समस्या हमारी राष्ट्रीय सुरक्षा को व्यवस्थित करना होगा जिससे भविष्य में भी हमारी आजादी सुरक्षित रहे।''

❑❑❑

सुभाष चन्द्र बोस

नेताजी के पत्र एवं भाषण

सुभाष ने अपनी आत्मकथा में 'ओटेन मामले' के विषय में लिखा, ''मैंने पिछले कुछ महीनों की घटनाओं का अवलोकन किया तो लगा जैसे मेरे शैक्षिक कैरियर का अन्त हो रहा था तथा मेरा भविष्य अनिश्चित था। परन्तु मैंने जो किया उसके लिए मुझे पछतावा नहीं हो रहा था। मुझे इस बात की खुशी थी कि मैंने सही कार्य किया था। मुझे इस बात की खुशी थी कि मैंने एक बड़े उद्‌देश्य के लिए आत्म-बलिदान दिया था। बलिदान के बिना जीवन व्यर्थ है।''

22 सितम्बर 1920 को आई.सी.एस. के परिणाम के प्रकाशित होने के तुरंत बाद उन्होंने अपने बड़े भाई शरत चन्द्र को लिखा : ''क्या नौकरी करना ही मेरे जीवन का अंतिम लक्ष्य है? सिविल सर्विस एक व्यक्ति को हर प्रकार का सांसारिक सुख प्रदान कर सकती है, किंतु क्या यह अपनी आत्मा को मारकर सुख पाना नहीं होगा? यह मानना मूर्खता होगी कि किसी के जीवन के सबसे बड़े आदर्श एक आई.सी.एस. बनकर अधीनस्थ सेवा की शर्तों का पालन करते हुए प्राप्त हो सकेंगे। राष्ट्रीय या आध्यात्मिक आकांक्षाएँ सिविल सर्विस में शामिल होने से पूरी नहीं हो सकतीं।''

एक अन्य पत्र उन्होंने अपने भाई शरत चन्द्र को जेल से उस समय लिखा जब उन्हें भारत से स्थायी रूप से निर्वासित होकर रहने पर क्षमादान का प्रस्ताव मिला था, ''अभी मैंने उस सबसे बुरी स्थिति के विषय में सोचा है जो यदि मैं सरकार का प्रस्ताव स्वीकार न करूँ तब उत्पन्न हो सकती है लेकिन मैं स्वयं को स्थायी रूप से देश से अलग नहीं रख सकता जो कि मेरी मातृभूमि है। उससे बेहतर तो जेल में ही जीवन बिताना रहेगा। मेरा मानना है कि शौर्य का रास्ता कुरबानी माँगता है।''

दिसम्बर 1928 में बोस ने कलकत्ता में युवा कांग्रेस की स्वागत समिति के अध्यक्ष के रूप में यह भाषण दिया–

''साबरमती के विचारकों द्वारा किए गए प्रौपेगन्डे का वास्तविक प्रभाव इस भावना को जगाना है कि आधुनिकता बुरी है, बड़े पैमाने पर उत्पादन एक बुराई है, आवश्यकताओं को बढ़ाया नहीं जाना चाहिए, जीवन-स्तर ऊँचा नहीं उठाया जाना चाहिए, और भरसक प्रयास करके हमें बैलगाड़ी के दिनों की ओर वापिस लौटना चाहिए; तथा आत्मा इतनी महत्वपूर्ण है कि भौतिक संस्कृति एवं सैन्य प्रशिक्षण को भी नकारा जा सकता है। यह दार्शनिकता नहीं निष्क्रियता है। इन सिद्धान्तों के कारण पैदा हुई निष्क्रियता का मैं विरोध करता हूँ। हमारी इस पवित्र भूमि में आश्रम नई संस्थाएँ नहीं हैं तथा योगी एवं सन्त होना कोई नई बात नहीं है। उनका समाज में एक महत्वपूर्ण स्थान है और आगे भी रहेगा। यदि हम एक नया भारत बनाना चाहते हैं जो कि स्वतंत्र, खुशहाल तथा महान हो तो हमें उनके मार्ग का अनुसरण करने की जरूरत नहीं है। भारत में हमें अभी क्रियाशीलता के दर्शन की जरूरत है। हमें आशा से भरा हुआ होना चाहिए। हमें वर्तमान में रहना चाहिए तथा स्वयं को आधुनिक वातावरण के अनुरूप ढालना चाहिए।''

कांग्रेस के अधिवेशन में सब कुछ ठीक तरह से चलता प्रतीत हो रहा था, तब बोस ने एक संशोधन प्रस्ताव प्रस्तुत किया तथा प्रतिनिधियों से एक सीधा प्रश्न पूछा–

"प्रमुख प्रस्ताव में आपने ब्रिटिश सरकार को बारह महीने का समय दिया है। क्या आप अपने हृदय पर हाथ रखकर यह कह सकते हैं कि इस अवधि में डोमिनियन स्टेटस प्राप्त कर पाना संभव है? पंडित मोती लाल नेहरू ने अपने भाषण में यह स्पष्ट कर दिया है कि वे ऐसा नहीं सोचते हैं। तो हम अपने ध्वज को इन बारह महीनों तक क्यों झुकाकर रखें? हम यह क्यों नहीं कहें कि हमें ब्रिटिश सरकार में अब थोड़ा-सा भी विश्वास नहीं रहा है तथा हम उसके विरुद्ध कड़ा रुख अपनाना चाहते हैं?"

वे हमेशा युवा पुरुषों एवं महिलाओं को स्वयं से आगे बढ़कर सोचने के लिए कहा करते थे।

नागपुर में युवाओं को संबोधित करते हुए उन्होंने कहा था, "आपको जनमत बनाने या जनता की भावना को फैलाने का काम हाथ में लेना होगा। यदि आप सार्वजनिक जीवन की मूलभूत समस्याओं का हल चाहते हैं तो आपको अपने समकालीन लोगों से कोसों आगे सोचना होगा। जनता का दिमाग प्रायः वर्तमान समस्याओं में उलझकर भविष्य के विषय में सोच नहीं पाता है। यह कोई जरूरी नहीं है कि जनता हमेशा आपकी बात से सहमत होगी। ऐसे अवसरों पर आपको धैर्य रखकर अकेले पूरी दुनिया से लड़ने के लिए तैयार होना पड़ेगा। जो व्यक्ति हर समय जनमत के साथ चलता है वह तात्कालिक नायक बन सकता है, परन्तु वह इतिहास में जीवित नहीं रह सकता है...सर्वाधिक निःस्वार्थ कार्यों

के लिए भी हमें गालियों और निंदा का सामना करना पड़ सकता है तथा कष्ट सहना पड़ सकता है; अपने सबसे निकट मित्र से हमें अवांछित शत्रुता का सामना करना पड़ सकता है।''

जेल के नियमित दौरे के समय मद्रास के मुख्य प्रेसीडेन्सी मजिस्ट्रेट ने बोस से एक बार पूछा कि वे ठीक हैं अथवा नहीं। बोस ने तुरन्त उत्तर दिया, ''आपको स्वयं पर तथा अपनी सरकार पर शर्म आनी चाहिए कि आपने मुझे बिना किसी मुकदमे या आरोप के जेल में रखा हुआ है। क्या आपको यह नहीं लगता कि ऐसे कैदी से यह पूछना एक मजाक है कि वह ठीक है अथवा नहीं? आप अपने आपको इस स्थिति में रखकर स्वयं इस प्रश्न का उत्तर क्यों नहीं प्राप्त करते?

अपने एक पत्र में उन्होंने स्वयं के कर्त्तव्य तथा कार्य के उचित दायरे का पता करने के लिए एक गुरु की आवश्यकता के विषय में लिखा था।

उनके प्रसिद्ध उद्घोष, ''तुम मुझे खून दो मैं तुम्हें आजादी दूंगा'' तथा ''दिल्ली चलो'' थे। ये नारे वे भारतीय राष्ट्रीय सेना का मनोबल बढ़ाने के लिए लगाया करते थे। ''जय हिन्द'' का नारा उनके द्वारा लगाया जानेवाला एक अन्य प्रसिद्ध नारा था जिसे बाद में भारत सरकार तथा भारतीय सशस्त्र बलों द्वारा अपनाया गया। उनकी भारतीय राष्ट्रीय सेना ''इंकलाब जिन्दाबाद'' का नारा भी लगती थी।

❑❑❑

सुभाष चन्द्र बोस

विभिन्न परिपेक्ष्यों में सुभाष

सुभाष-एक क्रांतिकारी स्वतंत्रता सेनानी

सुभाष का मत था कि यदि सभी छोटे क्रांतिकारी गुटों को मिलाकरस्वतंत्रता आन्दोलन की एक सैन्य शाखा बनायी जाती तो आजादी प्राप्त करने में आसानी होती। गाँधीजी ने इस विचारधारा का विरोध किया क्योंकि यह उनकी अहिंसा की नीति के विरुद्ध होती। भारत की ब्रिटिश सरकार को सुभाष से आनेवाले समय में खतरे का अंदेशा था अतः उन्हें 25 अक्टूबर, 1924 को बिना किसी आरोप के गिरफ्तार कर लिया गया। उन्हें कलकत्ता (अब कोलकाता) के अलीपुर जेल भेज दिया गया। 25 जनवरी, 1925 को उन्हें मांडले जेल, बर्मा (अब म्यांमार) भेज दिया गया। किंतु मई 1927 में उन्हें खराब स्वास्थ्य के कारण मांडले जेल से रिहा कर दिया गया। कलकत्ता वापस लौटने पर 27 अक्टूबर, 1927 को सुभाष को बंगाल कांग्रेस कमेटी का महासचिव निर्वाचित किया गया।

सुभाष उन चन्द राजनेताओं में से एक थे जिन्होंने हिन्दू-मुस्लिम एकता के लिए प्रत्येक समुदाय के अधिकारों का सम्मान करते हुए कार्य किया। आदर्शवादी व्यक्ति होने के कारण वे धार्मिक वैमनस्य की सामाजिक बुराई को खत्म करना चाहते थे।

सुभाष-एक विलक्षण व्यक्तित्व

सुभाष चन्द्र बोस ने सबसे पहले अपनी विलक्षण प्रतिभा का प्रदर्शन 1921 में कलकत्ता में प्रिंस ऑफ वेल्स के पूर्ण बहिष्कार के लिए कार्य

करके किया था। बाद में उनकी संगठन क्षमता एवं कार्यकारी क्षमता का प्रदर्शन उस समय देखा गया जब वे कलकत्ता कार्पोरेशन के मुख्य कार्यकारी अधिकारी थे। उस समय कलकत्ता के मेयर चित्तरंजन दास थे। सरकार ने उनको शीघ्र ही इस झूठे आरोप में सूदुर बर्मा स्थित मांडले जेल में डाल दिया कि वे बंगाल के आतंकवादियों से सक्रिय रूप में जुड़े हुए थे।

बिना किसी मुकदमे के तीन वर्षों तक 1818 के आपत्तिजनक रेगुलेशन III के तहत जेल में रखने के बाद उनको 1927 में चिकित्सीय आधार पर रिहा कर दिया गया तथा शीघ्र ही उन्होंने पुनः अपने खराब स्वास्थ्य के बावजूद राजनीति में सक्रिय भूमिका अदा करनी शुरू कर दी। तब उन्हें बंगाल प्रदेश कांग्रेस कमेटी का अध्यक्ष निर्वाचित किया गया। उन्होंने अपना ज्यादातर समय तथा ध्यान युवाओं के संगठन तथा ट्रेड यूनियन आन्दोलन को देना शुरू कर दिया था। इटली, फ्रांस, आयरलैंड, जर्मनी, जापान और रूस के बड़े-बड़े नेताओं से मिलकर उन्हें प्रभावित करना उस समय सुभाष चन्द्र बोस जैसा विलक्षण व्यक्ति ही कर सकता था।

सुभाष-एक समाज सेवक

सुभाष को ऐसा लगता था कि यदि उन्हें विशुद्ध भारतीय परंपरा में कोई गुरु मिल जाता तो वे आध्यात्म के क्षेत्र में अपने लक्ष्य की ओर अधिक तेजी से जा सकते थे। वे एक नब्बे वर्षीय संन्यासी के सम्पर्क में आए और उसके अनुसार चलना शुरू किया परन्तु इससे भी उनको मानसिक शान्ति नहीं मिली। इसलिए सुभाष को विवेकानन्द के समाज-सेवा के मन्त्र की ओर लौटना पड़ा। समान विचारवाले मित्रों के साथ उन्होंने निकट के गाँवों में सामुदायिक सेवा प्रदान करने के लिए जाना शुरू किया।

समाज सेवक के रूप में बोस की विलक्षण क्षमताओं का पता उस समय चला जब उनको बंगाल प्रान्तीय कांग्रेस कमेटी द्वारा 1922 में बोगरा, राजशाही, पटना, दिनाजपुर तथा रंगपुर जिलों में बाढ़ के कारण हुई क्षति के बाद राहत वितरण कार्य की जिम्मेदारी सौंपी गई। फसलें बर्बाद हो गई थीं। सैकड़ों घर मलबे में बदल गए थे तथा असंख्य पशु बह गए थे। बोस ने स्वयंसेवकों का एक दस्ता तैयार किया एवं उनके साथ प्रभावित क्षेत्रों में खाद्य सामग्री, कृषि उपकरण तथा घरों की मरम्मत करने की सामग्री वितरित करने में लग गए। बोस एवं उनके स्वयंसेवकों ने रात-दिन काम किया तथा पीड़ित लोगों को पुनः आत्मनिर्भर बनाया। राहत वितरण काफी सफल रहा तथा कांग्रेस तथा बोस को इसके लिए बंगाल के गवर्नर लार्ड लिटन का आभार प्राप्त हुआ।

सुभाष पर स्वामी विवेकानन्द का प्रभाव

स्वामी विवेकानन्द की शिक्षाओं के कारण सुभाष की मानसिक व्यग्रता का हल प्राप्त होने में बहुत सहायता मिली। वे विवेकानन्द की पुस्तकों को दिन-रात पढ़ा करते थे तथा उनसे उनकी समस्याओं के संतोषजनक हल प्राप्त होने में आसानी होती थी। विवेकानन्द की शिक्षाओं का सार तत्व था, ''मानवता की सेवा द्वारा अपना कल्याण करो।'' भारत के प्राचीन धार्मिक ग्रन्थों की यह नयी व्याख्या सुभाष को बहुत पसन्द आई तथा वे प्रायः अपने दोस्तों के बीच इसकी चर्चा किया करते थे।

ऊँचे मूल्यों तथा आध्यात्मिक उन्नयन की उनकी चाह का पता 1912-13 में अपनी माता को लिखे पत्रों से भी चलता है। उनसे सुभाष द्वारा आध्यात्मिक शान्ति की खोज करने की प्रवृत्ति का पता चलता है जो जीवनपर्यंत उनमें रही। ''परमात्मा से मिलन तथा आत्म-साक्षात्कार के बिना जीवन निरर्थक है'', यह बात उन्होंने अपने एक पत्र में लिखी थी,

उन्होंने एक अन्य पत्र में लिखा, "पूजा, ध्यान, प्रार्थना आदि क्रियाओं का एक ही उद्देश्य होता है—परमात्मा का साक्षात्कार। यदि इस उद्देश्य की प्राप्ति नहीं होती है तो सब कुछ व्यर्थ है। जिसको एक बार भी परमात्मा के आशीर्वाद का सुख प्राप्त हो जाएगा वह पाप से भरी सांसारिक दुनिया की ओर फिर कभी नहीं मुड़ेगा।"

एक व्यक्ति, भाई तथा पति के रूप में सुभाष

नेताजी सुभाष चन्द्र बोस औसत से अधिक लम्बे कद के हृष्ट-पुष्ट व्यक्ति थे। उनके गोल मुख पर एक मुस्कुराहट रहती थी जिससे उनकी लौह-इच्छाशक्ति का पता चलता था। वे भद्र एवं विनम्र स्वभाव के व्यक्ति थे परन्तु जरूरत पड़ने पर काफी कठोर तथा निष्ठुर भी बन जाते थे। उनको जाननेवाले उन्हें बहुत प्यार करते थे।

उनके बड़े भाई शरत चन्द्र बोस एक प्रसिद्ध अधिवक्ता एवं राजनेता थे। सुभाष उनके काफी करीब थे तथा शरत चन्द्र ने ही आर्थिक रूप से उनकी मदद उस समय की थी जब उनका कैरियर शुरू हुआ था। वे सुभाष की राजनैतिक रूप से भी निरंतर मदद करते रहे थे।

एक पत्र में सुभाष ने अपनी पत्नी एमिलि को लिखा, "तुम वह पहली औरत हो जिससे मैंने प्यार किया। ईश्वर करें तुम ही अंतिम भी होओ।"

❑❑❑

सुभाष चन्द्र बोस

जीवन एवं कार्य—एक नजर में

- **1897** : 23 जनवरी को कटक, उड़ीसा (ओडिशा) में श्री जानकी नाथ बोस तथा प्रभावती देवी के यहाँ जन्मे।

- **1913** : स्कूल लीविंग एक्जामिनेशन में द्वितीय स्थान प्राप्त किया तथा कलकत्ता के प्रेसीडेन्सी कॉलेज में प्रवेश लिया।

- **1915** : इण्टरमीडिएट की परीक्षा में प्रथम श्रेणी से उत्तीर्ण हुए।

- **1916** : ब्रिटिश प्रोफेसर के साथ दुर्व्यवहार किया, प्रेसीडेन्सी कॉलेज से निकाले गए।

- **1917** : स्कॉटिश चर्च कॉलेज में दर्शन शास्त्र ऑनर्स कोर्स में दाखिला लिया।

- **1919** : दर्शन शास्त्र ऑनर्स कोर्स में प्रथम श्रेणी प्राप्त की तथा आईसीएस परीक्षा के लिए इंग्लैंड रवाना हुए।

- **1920** : लन्दन में आई.सी.एस. परीक्षा में उत्तीर्ण हुए एवं अंग्रेजी में सबसे अधिक अंक प्राप्त किये।

- **1921** : कैम्ब्रिज विश्वविद्यालय की प्रतिष्ठित ट्राइपोज डिग्री प्राप्त की। आईसीएस की नौकरी से त्यागपत्र दिया तथा उसी वर्ष भारत वापिस लौटे। दक्षिण कलकत्ता सेवक समिति की स्थापना की। ब्रिटिश-विरोधी आन्दोलन के लिए 1921 के अन्त में गिरफ्तार किए गए।

✦ **1922**	: 1 अगस्त को जेल से रिहा किए गए। देशबन्धु चित्तरंजन दास के नेतृत्व में गया कांग्रेस में स्वराज्य दल में शामिल हुए।
✦ **1923**	: अखिल भारतीय युवा कांग्रेस के अध्यक्ष निर्वाचित हुए, बंगाल प्रान्तीय कांग्रेस के सचिव निर्वाचित हुए तथा देशबन्धु द्वारा शुरू किए गए अखबार ''फॉरवर्ड'' के संपादक बने।
✦ **1924**	: स्वराज्य दल ने कलकत्ता नगरपालिका चुनाव जीता। देशबन्धु कलकत्ता के मेयर निर्वाचित हुए तथा सुभाष चन्द्र बोस सीईओ बने। ब्रिटिश सरकार द्वारा अक्टूबर में फिर गिरफ्तार किए गए।
✦ **1924-27**	: बर्मा जेल में लगभग तीन वर्ष बिताए; मई में रिहा किए गए।
✦ **1927**	: अखिल भारतीय कांग्रेस कमेटी के महासचिव निर्वाचित हुए।
✦ **1928**	: भारतीय राष्ट्रीय कांग्रेस के कलकत्ता अधिवेशन में स्वयंसेवी संस्था का गठन किया तथा उसके जनरल आफिसर इन कमाण्ड बने।
✦ **1929**	: भारतीय राष्ट्रीय कांग्रेस के लाहौर अधिवेशन को सम्बोधित किया तथा भारत में एक समानान्तर सरकार का प्रस्ताव रखा।
✦ **1930**	: जनवरी में पुनः जेल भेजे गए; जेल से कलकत्ता कार्पोरेशन के मेयर निर्वाचित हुए।

✦ 1931	:	कलकत्ता की बैठक में इंटक के अध्यक्ष निर्वाचित हुए।
✦ 1933-36	:	इटली में मुसोलिनी से, जर्मनी में फेल्डर से, आयरलैंड में डी. वलेरा से तथा फ्रांस में रोमेन रोलेन्ड से मिले।
✦ 1936	:	अप्रैल में भारत लौटे; बम्बई में गिरफ्तार किए गए।
✦ 1936-37	:	मार्च में जेल से रिहा किए गए तथा यूरोप रवाना हुए; ''इण्डियन स्ट्रगल'' प्रकाशित किया।
✦ 1937-38	:	भारतीय कांग्रेस के अध्यक्ष निर्वाचित हुए; हरिपुर अधिवेशन में ऐतिहासिक भाषण दिया, राष्ट्रीय योजना आयोग का गठन किया। रविन्द्रनाथ टैगोर ने सुभाष चन्द्र को शान्तिनिकेतन में सम्मानित किया।
✦ 1939	:	पुनः भारतीय राष्ट्रीय कांग्रेस के अध्यक्ष निर्वाचित हुए; गाँधीजी से मतभेद; त्यागपत्र देकर नया संगठन फॉरवर्ड ब्लॉक बनाया।
✦ 1940	:	गिरफ्तार किए गए तथा जेल में उपवास करना शुरू किया; जेल से रिहा; घर में नजरबंद किए गए।
✦ 1941	:	घर छोड़कर लापता हो गए; काबुल पहुँचे तथा मॉस्को रवाना हुए; बर्लिन में हिटलर से मिले।
✦ 1942	:	जर्मनी से रेडियो से ऐतिहासिक भाषण दिया; इण्डियन लीजन की स्थापना की तथा इसकी गतिविधियों को बढ़ाया।

✦ **1943** : पनडुब्बी से जापान रवाना हुए; टोकियो पहुँचे तथा वहाँ रेडियो से भाषण दिया; साउथ ईस्ट एशियन इंडिपेन्डेंस लीग की बैठक बुलाई। 21 अक्टूबर को आजाद हिंद सरकार का गठन किया; दिसम्बर में अंडमान द्वीपों का भ्रमण किया।

✦ **1944** : आराकान मोर्चे पर आजाद हिंद फौज तैनात हुई; इम्फाल के निकट युद्ध शुरू हुआ तथा आजाद हिंद फौज ने कोहिमा-इम्फाल पर नियंत्रण स्थापित किया; ब्रिटिश सरकार के शान्ति प्रस्ताव को रेडियो द्वारा ठुकराया; जापानी सरकार से वार्ता करने टोकियो पहुँचे, कुआलालम्पुर में एक बड़ी सभा को सम्बोधित किया।

✦ **1945** : सोनान रेडियो से भाषण प्रसारित किया; बैंकाक रवाना हुए। सोनान में शहीदों के स्मारक की आधारशिला रखी; अमेरिका द्वारा हिरोशिमा और नागासाकी को एटम बम द्वारा बर्बाद कर दिया गया; जापान ने आत्मसमर्पण किया; भविष्य की योजनाओं के क्रियान्वयन के लिए साइगोन रवाना हुए। रहस्यमय तरीके से लापता हो गए तथा रेडियो टोकियो के अनुसार, ताइपेइ, ताइवान के ऊपर एक विमान दुर्घटना में 18 अगस्त, 1945 को शहीद हो गए।

❑❑❑